Das Torfkraftwerk von Siemens

*Wie Wiesmoor entstand
und Ostfriesland elektrisch wurde*

Hans-Jürgen Sträter

Impressum:

Das Torfkraftwerk von Siemens
Wie Wiesmoor entstand und Ostfriesland elektrisch wurde

Aufgabe vom 01.06.2020

(Hrsg.) V.i.S.P.:	Hans-Jürgen Sträter
Druck und Verlag:	BoD - Books on Demand, Norderstedt
ISBN:	9783751934329

Bildnachweis:
Das Cover-Bild zeigt das Modell des Torfkraftwerkes aus dem Torf- und Siedlungsmuseum in Wiesmoor, fotografiert von Maja Maur, Fotostudio Tuitjer, Wiesmoor
Das Foto von Seite 3 stellte freundlicherweise Jürgen Adams zur Verfügung.
Die Bilder auf Seite 42 und 48 wurden uns freundlicherweise von Frau Charlotte Behrends aus Wiesmoor zur Verfügung gestellt.
Alle anderen Fotos erhielten wir vom Archiv der Siemens AG.

Der niedersächsische Wirtschaftsminister Olaf Lies (ehemaliger Elektro-Ing. der Siemens AG) eröffnete am 24. 3. 2017 als Schirmherr der Blumenhalle Wiesmoor die Saison.

Für die freundliche Unterstützung, die das Erstellen dieses Buches möglich gemacht haben, möchte ich mich bei Herrn **Dr. Frank Wittendorfer** vom Siemens Archiv München, dessen Vortrag über das Torfkraftwerk Wiesmoor am 23. 02 2007 im Forum der KGS Wiesmoor die Grundlage für diese Ausarbeitung war, und Herrn **Lars Kläschen**, Presse und Öffentlichkeitsarbeit Siemens AG Region Hanse, der Bohlen & Doyen AG Wiesmoor, sowie bei Frau **Charlotte Behrends** und Herrn **Krino Hedemann**, beide aus Wiesmoor, herzlich bedanken!

In meinem Dank möchte ich auch Herrn **Dr. Philipp Rösler**, Wirtschaftsminister in Niedersachsen und seinen Mitarbeiter, Herrn **Christian Budde**, sowie ebenfalls Herrn **Prof. Dr.-Ing. Martin Kahmann**, Direktor in der PTB, einschließen.

Der Herausgeber

Inhaltsverzeichnis

Liebe Leserinnen und Leser,

Die Stadt Wiesmoor – die „Blüte Ostfrieslands" - und ihr Torfkraftwerk können uns als Vorbild für die Entwicklung Niedersachsens dienen. Das Eingehen auf die Anforderungen der Zeit und die Nutzung der natürlichen Umgebung machten die Stadt zu dem, was sie heute ist. Das Torfkraftwerk sorgte dabei nicht nur für Energie, es schuf auch Arbeitsplätze und stellt in seiner späteren Konzeption durchaus ein frühes Beispiel für Kraft-Wärme-Kopplung dar. So konnte Wiesmoor, dank des Kraftwerkes, wachsen und gedeihen.

Auch wenn bereits 100 Jahre seit dem Bau des Kraftwerkes vergangen sind, setzt das Land Niedersachsen heute auf die gleichen Prinzipien. Noch immer müssen wir versuchen, auf die Anforderungen der Zeit einzugehen. Nach wie vor spielt dabei die Energieversorgung eine große Rolle – für die Volkswirtschaft ist sie sogar von entscheidender Bedeutung. Die Gründe dafür sind der steigende Energiebedarf der Industrie, die damit verbundene Entwicklung auf dem Energiemarkt und die immer knapper werdenden Vorräte fossiler Brennstoffe.

Diese Entwicklung muss Niedersachsen jedoch nicht als Bedrohung ansehen, sondern als Zukunftschance. Dabei kann uns das Torfkraftwerk und die Entwicklung der Stadt Wiesmoor durchaus als Vorbild dienen. Denn das Kraftwerk wurde perfekt an die Umgebung angepasst und die natürlichen Gegebenheiten mit den daraus erwachsenen Möglichkeiten genutzt. Und auch heute hat das Land Niedersachsen durch seine geographische Lage einen Vorteil:
die Anbindung an die Nordsee.

Durch das große Küstengebiet können wir verstärkt die Windkraft zur Energiegewinnung einsetzen. MW Windleistung ist Niedersachsen bereits heute das führende Land im Erzeugen von Windenergie. Die norddeutsche Küstenregion hat das Potenzial, sich zum größten Energielieferanten Deutschlands zu entwickeln. Dadurch trägt die niedersächsische Energiewirtschaft dazu bei, sich von der Importabhängigkeit zu lösen.

Wie einst in Wiesmoor schafft dies aktuell in Niedersachsen nicht nur Energie, sondern auch Arbeitsplätze. Vor allem die niedersächsische Küstenregion profitiert von der Ansiedlung der Hersteller und Zulieferer von Offshore-Windanlagen. Hierfür hat das Land Niedersachsen bereits frühzeitig die Weichen gestellt, indem es die Infrastruktur der Seehäfen verbessert hat. Damit baut Niedersachsen seine führende Rolle im Bereich der Windenergie aus.

100 Jahre nach der Inbetriebnahme des Torfkraftwerkes in Wiesmoor nutzen wir in Niedersachsen also weiterhin unsere natürliche Umgebung, um den Anforderungen der Zeit gerecht zu werden.
Dabei setzen wir weiterhin auf die Energiewirtschaft, damit unser Land ebenso „floriert", wie die „Blüte Ostfrieslands" seit 100 Jahren.

In diesem Sinne wünsche ich viel Freude bei der Lektüre.

Ihr
Philipp Rösler
Niedersächsischer Minister für Wirtschaft, Arbeit und Verkehr

Zum Geleit

Was haben die **Physikalisch-Technische Bundesanstalt** und ein **Torfkraftwerk** gemeinsam? Das klingt wie eine Scherzfrage. Auch ich hätte es für eine solche gehalten - aber nur, bevor mir der Adlerstein-Verlag den vorliegenden kleinen technikhistorischen Band vorstellte.

Er erzählt die spannende Geschichte des Torfkraftwerkes Wiesmoor, den Beginn der Elektrifizierung der Region und **die Rolle des Hauses Siemens** während dieser **frühen Industrialisierungsphase Ostfrieslands**.

Und bei der einrahmenden Schilderung der Gründung und Entwicklung des Weltkonzerns trifft der PTB ist dann auf alte – und eben gemeinsame – Bekannte.

Aha-Erlebnisse gibt es insbesondere natürlich bei Werner, den Mitbegründer und entscheidenden Förderer der PTB-Vorgängerin „Physikalisch-Technische Reichsanstalt" und **Wilhelm (William)***, seinen Bruder, der als Erfinder der ersten öffentlich vorgestellten Elektrizitäts-Motorzähler gilt.

Die Verbundenheit der Siemens-Dynastie mit der PTB reicht bis in heutige Zeit. Auch heute noch ist ein Mitglied der Familie im Kuratorium der PTB vertreten. Die PTB, das nationale Meteorologie-Institut Deutschlands, ist eine moderne aber auch eine altehrwürdige Institution. Wer hier arbeiten darf, für den ist das Interesse an der Familiengeschichte Siemens Freude und Pflicht.

Dieses Buch stellt der Öffentlichkeit mit seinem spannend erzählten und reich bebilderten Beitrag zum **Torfkraftwerk Wiesmoor** eine bislang sicher nicht allgemein bekannte Facette siemensianischen Pionierwirkens vor.

Eine hoch interessante und leicht zu lesende Lektüre, fesselnd nicht nur für an **ostfriesischer Regionalgeschichte** Interessierte, sondern für alle, die sich für Unternehmensgeschichten und **Geschichte der Elektrotechnik** allgemein begeistern, beruflich oder privat. Herzlichen Glückwunsch dem Autor und dem Adlerstein-Verlag zur Publikation dieses gelungenen Werkes.

Dir. u. Prof. Dr.-Ing. Martin Kahmann

Leiter des Fachbereiches Elektrische Energiemesstechnik PTB, der Physikalisch-Technischen-Bundesanstalt, Braunschweig im Januar 2009

*Anmerkung des Herausgebers:

Wilhelm von Siemens war in der Zeit von 1900 bis 1919 der Vorsitzende des Aufsichtsrates der **Siemens Elektrischen Betriebe AG (SEB)**, die dann ab dem 19.9.1925 **Nordwestdeutschen Kraftwerke AG Hamburg (NWK)** hieß.
Sein Nachfolger war von 1920 bis 1923 **Carl Friedrich von Siemens**, ein Sohn von **Werner von Siemens**.
Knud Nielsen, der viel für Wiesmoor getan hat, war von 1920 bis 1934 Vorstandsmitglied der **NWK**. (s. a. **Nielsenpark** in Wiesmoor)
(Quelle: Festschrift „Zum fünfzigjährigen Jubiläum der NKW, 16.1.1900 - 1950)

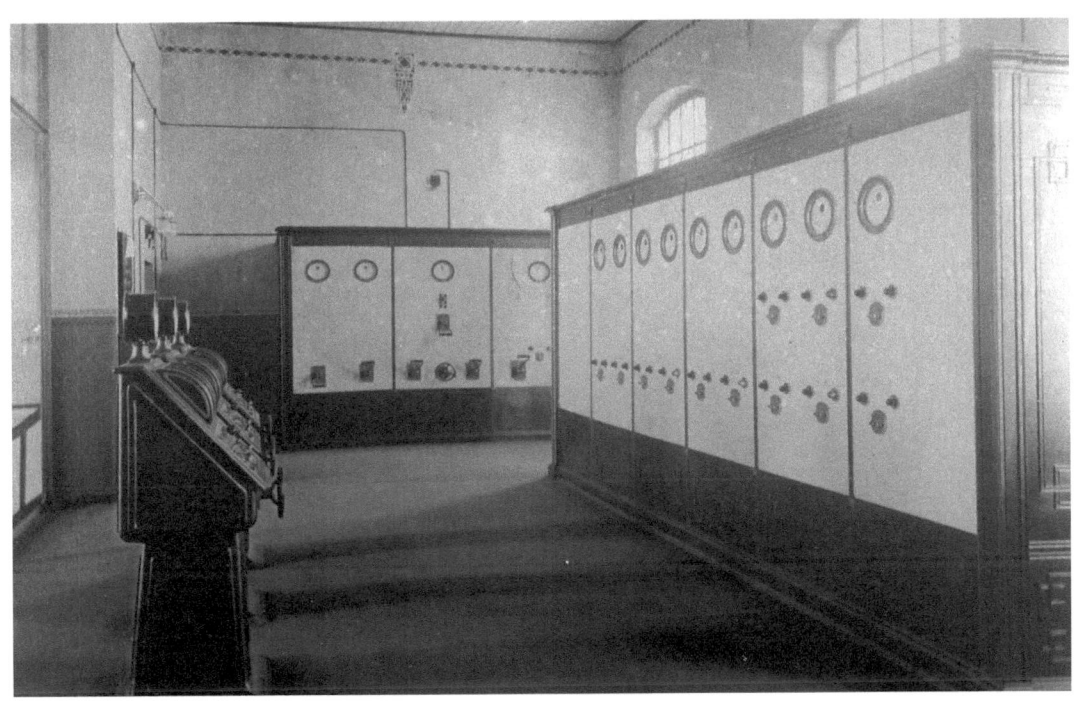

Schaltpult und Schalttafel im Torfkraftwerk Wiesmoor

Dynamomaschine

Mit der Maschine demonstrierte **Werner von Siemens** 1866 das **dynamo-elektrische Prinzip.** Diese Entdeckung leitete ein **neues Zeitalter der Elektro-technik** ein.

Vom Feuer zum Strom

Schon seit tausenden von Jahren nutzen Menschen Brennstoffe wie Holz, Kohle, aber auch **Torf** zur Erzeugung von **Wärme-Energie**.
Das Zeitalter der Industrie begann jedoch erst, als man im 18. Jahrhundert mit Wärme-Energie und **Dampfmaschinen mechanische Energie** erzeugen konnte. Diese mechanische Energie konnte aber nur direkt angewandt werden und ließ sich nur sehr bedingt (z. B. mit Treibriemen) übertragen.

Eine neue Qualität technischen Fortschritts begann, als es **Werner von Siemens** 1866 gelang, mit der Entdeckung des **elektrodynamischen Prinzips** eine **Dynamomaschine** zu konstruieren.

<u>Nun entstand ein innovativer Dreiklang:</u>
Wärme-Energie erzeugt **mechanische Energie** und daraus entsteht mit Hilfe der Elektrotechnik **elektrische Energie**. Der Vorteil der elektrischen Energie ist die **Mobilität**. Mit den neuen Netzen strömte **Strom** in alle Orte und Haushalte, brachte Licht und Nachrichten zu den Menschen, trieb nun große und kleine Maschinen an. Landesweit entstand schnell ein riesiger Bedarf an Strom und in ganz Deutschlands wurden deshalb im 20. Jahrhundert neue **Kraftwerke** gebaut, entsprechend den Grundstoffen, wie Kohle, Torf, Öl, Gas oder auch Wasserkraft.

Die große Zeit der **Wind- und Sonnen-Kraftwerke**, also der **Klima-Energie**, beginnt dann im 21. Jahrhundert.

Maschinensaal der Zentralstation Markgrafenstraße in Berlin um 1886.

Als in Berlin der Bär los war

Die Idee, in Ostfriesland ein **Torfkraftwerk** zu bauen, wurde zu Beginn des 20. Jahrhunderts in Berlin geboren.

Um die Jahrhundertwende war Berlin ein äußerst aktives Zentrum von Technik und Wissenschaft: **Max Planck** wirkte schon da, **Albert Einstein** folgte später.

Auch die bekannte **Akademie der Wissenschaften** und ebenfalls die **Helmholtz-Gemeinschaft** sind eng mit Berlin verbunden.

Auf der anderen Seite hatten sich entsprechend dynamische Unternehmen wie **AEG** und **Siemens** in der deutschen Hauptstadt niedergelassen. Um 1900 war die Firma Siemens gut 50 Jahre alt und es entstand sogar in Berlin ein Stadtteil, der den Namen **Siemensstadt** bekam. **Werner von Siemens** selbst war Mitbegründer der **Physikalisch-Technischen-Reichsanstalt** und aktuell beschäftigte man sich bei Siemens nun intensiv mit **Starkstrom** und **Kraftwerken**.

Da **Ostfriesland** zu **Preußen** gehörte und ein **elektrisches Entwicklungsland** war, wollte man natürlich diese Region bevorzugt flächendeckend mit **Strom** versorgen. Der preußische Geheime Rat und spätere Staatssekretär **Dr. Ramm** war mit der Familie **Siemens** befreundet und deshalb begann man **1908** die o. g. Idee zu realisieren - Ostfriesland wurde elektrisch und **Wiesmoor** gegründet.

Noch heute erinnert ein Ortsteil von Wiesmoor, nämlich **Rammsfehn**, (1930 als Torfarbeiter-Siedlung vom Kraftwerksdirektor **Jan Hinrichs** gegründet) an die historische Beziehung zu Berlin.

Moor-Kultur Hier wird das Moor mit einem elektrischen Pflug bearbeitet.

Am Anfang war das Moor

Das **Torfkraftwerk von Wiesmoor** setzte den Schlusspunkt etlicher Förderprogramme zur wirtschaftlichen und sozialen **Entwicklung von Ostfriesland**.

Seit dem Ende des Mittelalters und insbesondere während des 30-jährigen Krieges waren mehrere Siedlungskonzepte entstanden und auch umgesetzt worden. Hier orientierte man sich auch an den **Vorbildern in Holland**, wo man mit das Moor entwässerte und Siedlungen bildete.
Nach dem Übergang von Ostfriesland an Preußen als eine Folge des deutsch-österreichischen Krieges entwickelte die neue Regierung für Ostfriesland ein spezielles Konjunktur- und Sozialprogramm zur intensiven Kultivierung und auch Nutzbarmachung der ausgedehnten **Moorlandschaft**.

Zuerst wurde deshalb eine **Kommission zur Hebung der Zustände in den Moorkolonien Ostfrieslands** und im Anschluss daran, 1876, eine sogenannte **Zentrale Moorkommission** eingerichtet.
Der Kommission ging es vor allem um die Anwerbung von Siedlern, an die das Land verpachtet und das nach einem vorgegebenen Kulturplan dann bearbeitet werden sollte. Dabei orientierte man sich an dem Verfahren der in einer Versuchsanstalt in Bremen entwickelten sogenannten **Deutschen Hochmoorkultur**, eine Methode, wie oben schon erwähnt, auch auf Entwässerung setzte und nach Vollendung des **Ems-Jade-Kanals** im Jahre 1888 erstmals im Marcardsmoor (das heute Ortsteil der Stadt Wiesmoor ist) eingesetzt wurde.

Stromüberführung am Ems-Jade-Kanal

Warum Wiesmoor wichtig wurde

1869 wurde der erste deutsche Marinehafen in der Kaiserstadt **Wilhelmshaven** eingeweiht. Der Ausbau der entsprechenden Infrastruktur folgte (so auch der **Ems-Jade-Kanal**, der Wilhelmshaven mit dem **preußischen Ostfriesland** verbinden sollte), und auch ein besonderer Strombedarf entstand.
Der **Nordgeorgsfehnkanal**, der Wiesmoor durchquerte, wurde zwischen 1906 und 1916 ausgebaut und an den Ems-Jade-Kanal angeschlossen.

Für das Torfkraftwerk hatte der Kanal drei wichtige Funktionen:
1. **Entwässerung** des Moores
2. **Transport** von Baustoffen, Torf und später auch Kohle etc.
3. **Bereitstellung von Kühlwasser** für das Torfkraftwerk. In trockenen Sommern wurde das benötigte Kühlwasser sogar über entsprechenden Schöpfwerken an den Schleusen von der Jümme nach Wiesmoor hoch gepumpt.

Besonders wichtig war die **geographische Lage von Wiesmoor**, weil es relativ hoch liegt und das Moor in tausenden Jahren, ungestört von extremen Wetterverhältnissen, wachsen konnte und so eine Höhe von über 3 m im Durchschnitt erhalten hatte. Außerdem war die Gegend ja auch noch unbewohnt und deshalb konnte man den **Torfabbau** großflächig maschinell tätigen.
Die Suche nach einem festen Baugrund für das Torfkraftwerk machte den Fachleuten fast ein Jahr lang erhebliche Schwierigkeiten. Doch dann kam der **Schornsteinbauer Meyer** aus Hannover und fand mit seinem Spazierstock schnell das richtige Grundstück für das Torfkraftwerk.

Lokomobil
mit Dampfmaschine, Dynamomaschine und Scheinwerfer, dass um 1873 als Beleuchtungsanlage genutzt wurde.

Start in Wiesmoor

Im Sommer 1906 begann man mit der **Entwässerung** der Landschaft Wiesmoor – ein Datum, auf das sich die **Stadt Wiesmoor** heute zu Recht als Gründungsjahr beruft. Im Vordergrund stand aber noch nicht die Ausbeutung des Torfs durch ein Elektrizitätswerk. Vielmehr war es den preußischen Behörden vorrangig um die schnelle Umsetzung des beschlossenen Wirtschafts- und Sozialmaßnahmen-Paketes mittels gründlicher Kultivierung der zusammenhängenden Gebiete des Auricher, Neudorfer und Friedeburger Wiesmoors zu tun. Es wurde zunächst damit begonnen, vom **Ems-Jade-Kanal** bei Marcardsmoor aus einen Graben in das Wiesmoor auszuheben, um das Moor zu entwässern und ein etwa 6.200 Hektar umfassendes Gebiet für die Torfgewinnung und eine rund 6.200 Hektar große Fläche für die Besiedlung vorzubereiten.

Gleichzeitig führte man den **Nord-Georgsfehn-Kanal**, der 1891 Neudorf erreicht hatte, als Vorfluter in das Wiesmoor hinein, fort. Diese Maßnahmen waren eine Voraussetzung für die Torfgewinnung durch schwere Maschinen, denn ohne die Trockenlegung des Moors wären diese sofort versackt.

Nachdem im Anschluss an die Trockenlegungsarbeiten mit dem Torfabbau begonnen wurde, stellte sich jedoch bald heraus, dass die zum Antrieb der Torf-gewinnungsmaschinen eingesetzten **Lokomobilen** völlig ungeeignet waren und sich deshalb in der Praxis nicht bewährten. Sie sanken aufgrund ihres hohen Gewichtes in das Moor ein. Darüber hinaus erwies sich, dass die Seitenwände und auch die Uferflächen der ausgebaggerten Kanäle durch den Lokomobil-betrieb immer wieder gelockert und deshalb beschädigt wurden. Also blieb nur der Ausweg, diese Lokomobile durch eine modernere Anlage, zu ersetzen.

Torfkraftwerk Wiesmoor um 1925

Zur Erzeugung der für die **Moorkultivierung** erforderlichen elektrischen Energie wurde schließlich eine, wie es damals hieß, eine „200pferdige Verbundmaschine" aufgestellt, die wiederum einen Drehstromgenerator von 5.000 Volt antrieb.

Mit dieser Einrichtung, die von der „Hanseatischen Siemens-Schuckertwerke GmbH" für den **Domänenfiskus** errichtet wurde, nahm man im Frühjahr 1908 den Betrieb der Moorkultivierung auf.

Die Hanseatische Siemens-Schuckertwerke GmbH war übrigens keine Produktionsfirma, sondern die für den norddeutschen Raum zuständige Vertriebsgesellschaft der **Siemens-Schuckertwerke** in Berlin Siemensstadt. Kurz zuvor, 1903, hatte man bei der **Siemens & Halske AG** die Starkstrom- (also die für Kraftwerke zuständige energietechnische) Abteilung, zur Gänze ausgegliedert und sie mit dem bisherigen Konkurrenten, der „Elektrizitäts-Aktiengesellschaft vorm. Schuckert & Co., Nürnberg", zur Siemens-Schuckert GmbH fusioniert.

Jedenfalls kam erst jetzt, 1908, der Gedanke auf, den Torf zum Betrieb eines größeren Elektrizitätswerkes, einer sogenannten **Überlandzentrale**, zu verwenden, einen Teil der solchermaßen gewonnenen Energie wiederum zum Torfabbau zu verwenden und mit dem überschüssigen Strom öffentliche Einrichtungen und private Einrichtungen in einem weiteren Umkreis zu elektrifizieren.

Also bleibt nun festzuhalten: Es lag an den Lokomobilen, die zu schwer waren, und deshalb wurde Ostfriesland elektrisch! Und nur die **überschüssige Elektrizität** sollte anschließend der Öffentlichkeit zur Verfügung stehen. Später gab es dazu eine entsprechende Parallele: mit der **überschüssigen Wärme** des Torfkraftwerkes heizte man die Gewächshäuser, so entstanden in Wiesmoor **blühende Gärtnereien**.

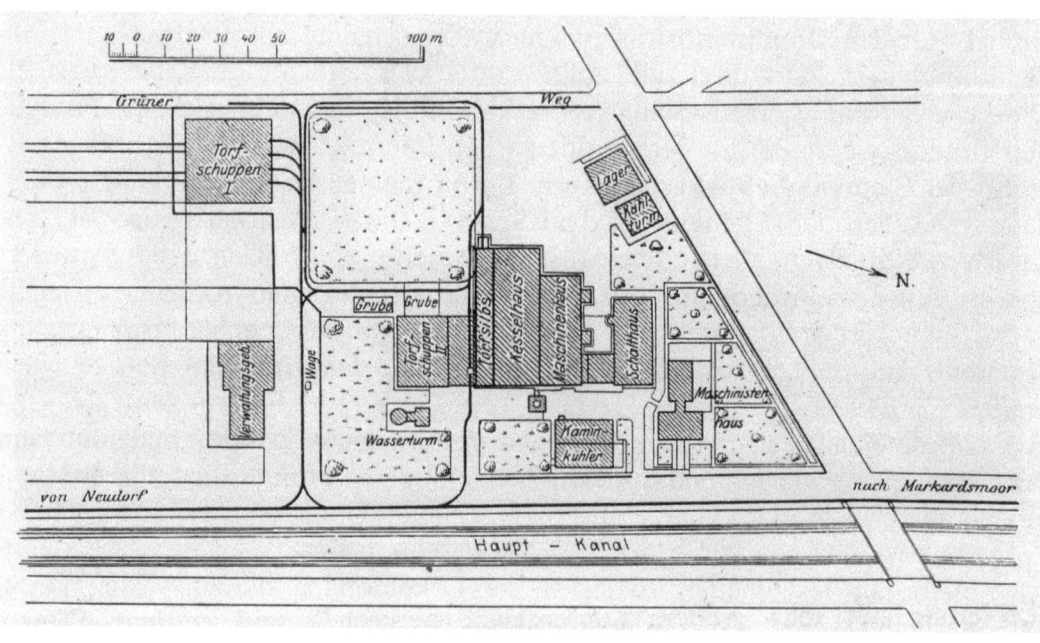

Lageplan des Torfkraftwerk Wiesmoor

Finanzierung und Umsetzung des Torfkraftwerkes

Dr. Ramm, der damalige Staatssekretär im preußischen Landwirtschafts-ministerium, sah sofort die wirtschaftlichen Möglichkeiten des vorgenannten Konzeptes für die gesamte **Region Ostfriesland**. Aufgrund seiner weitläufigen Verbindungen konnte er das Projekt entscheidend fördern und vorantreiben. Allerdings war auch sofort klar, dass die Finanzierung und Umsetzung dieses Vorhabens nicht ohne einen starken Partner verwirklicht werden konnte.

Durch persönliche Kontakte zur Familie Siemens, die ja ebenfalls in Berlin tätig war, kam es deshalb 1909 zu einem Vertrag zwischen dem preußischen Staat und der Siemens Elektrische Betriebe AG über den **Bau** und den **Betrieb** eines **Torfkraftwerkes in Wiesmoor**. Zur gleichen Zeit, als die von der Hanseatischen Siemens-Schuckertwerken erstellte kleine Anlage den ersten Strom zur Versorgung der Torfgewinnungsmaschinen lieferte, fanden Verhandlungen zwischen staatlichen Stellen und den Siemens Elektrischen Betrieben über die Errichtung des zukünftigen Torfkraftwerkes Wiesmoor statt. So kam ein Vertrag zustande, auf Grund dessen die Finanzierungs- und **Betreibergesellschaft Siemens Elektrische Betriebe** durch die Siemens-Schuckertwerke ein **Kraft-werk** und das **Leitungsnetz** für eine **Überlandzentrale** auf eigene Kosten und den Betrieb in eigener Regie führen sollte. Nicht eingeschlossen in das Vertragswerk war die Errichtung der erforderlichen Nebengebäude.
Die Einbindung einer Betreibergesellschaft in den Vertrag war aber notwendig geworden, weil sich das Deutsche Reich von der ursprünglich zugesagten Finanzierung zurückgezogen hatte.

Das Torfkraftwerk Wiesmoor aus der Anfangszeit mit nur einem Schornstein. Die beiden eckigen Kühltürme wurden später durch drei runde Kühltürme ersetzt.

Nachdem die Bauarbeiten im Januar 1909 bereits angelaufen und der nicht unerhebliche Betrag von rund einer halben Million Reichsmark investiert war, lehnte das Reichsfinanzministerium die Finanzierung der Anlage ab.

In dieser Situation sprang die **Siemens Elektrische Betriebe AG (SEB)** in die Bresche und stellte nicht nur die Errichtung, sondern auch den späteren Betrieb des Torfkraftwerkes Wiesmoor sicher. Die beiderseitige Vereinbarung sah darüber hinaus vor, dass der von den staatlichen Stellen brennfähige, also lufttrockene, frei Kesselhaus zu liefernde Torfbrennstoff vom Betreiber gegen Entrichtung eines Kaufpreises abgenommen werden musste. Dies allerdings erst, wenn der Betrieb des Kraftwerks einen Nettogewinn von mehr als 5 Prozent abwerfen würde. Umgekehrt hatte der Staat die für die Kultivierung des Moors und zum Abbau des Torfs erforderliche elektrische Energie dem Betreiber Siemens abzukaufen.

Die kurze Zeit bis zur **Inbetriebnahme des Kraftwerks im August 1910** musste von allen Beteiligten, insbesondere aber von der Betreibergesellschaft Siemens, intensiv für **Marketingmaßnahmen** genutzt werden, um so die Abnahme der erzeugten Energie sicherzustellen. Es galt, die teilweise skeptische und elektrisch unerfahrene Landbevölkerung in zahlreichen Vorträgen intensiven Werbeveranstaltungen von den Vorzügen der zunächst noch teuren Elektrizität für Haus und Hof zu überzeugen. Auch gelang es nach ausgesprochen langwierigen Verhandlungen, die Städte wie Emden, Leer, Wilhelmshaven und Rüstringen sowie das Emdener Hafengebiet mit den ausgedehnten Erz und Kohleverlade-anlagen zum Anschluss an Stromnetz zu gewinnen. Damit stand das Kraftwerk Wiesmoor auf wirtschaftlich sicherem Boden.

Maschinenraum mit den Turbogeneratoren

Das Torfkraftwerk Wiesmoor in Betrieb

Wie sah nun die am Schnittpunkt der heutigen Haupt- und der Oldenburger Straße gelegene Anlage aus? Die **Zentrale Wiesmoor** folgt dem für Dampfkraftwerke üblichen Bauplan mit Einrichtungen zur Lagerung des Brennstoffes, also den verschiedenen Torfschuppen, einem Kesselhaus, in dem durch die Verbrennung des Torfs der Dampf gewonnen wurde, mit dessen Hilfe dann die im Maschinenhaus aufgestellten vier **Turbogeneratoren** angetrieben wurden. Die Steuerung und Verteilung der dort erzeugten Energie erfolgte vom Schalthaus aus. Neben diesen Einrichtungen bestanden noch eine Reihe anderer Gebäude, wie etwa das Verwaltungsgebäude, ein Wasserturm, Kamine und ein Dienst-gebäude für die Maschinisten.

Die im Maschinenhaus installierten Turbogeneratoren – zwei von 1.250 Kilowatt, zwei von 1.550 Kilowatt bei 5.000 Volt Spannung – wurden merkwürdigerweise nicht von Siemens, sondern von verschiedenen Konkurrenzunternehmen bezogen, und zwar je einer von der Germaniawerft Kiel, von der Maschinenfabrik Augsburg-Nürnber (MAN), von Escher-Wys & Co. Zürich sowie von Schüchtermann & Kremer in Dortmund. Durch eine dicke Sichtscheibe vom Maschinenhaus getrennt befand sich der Bedienungsraum mit den **Schaltpulten und Schalttafeln**. Von hier wurden die im Schalthaus untergebrachten Schaltanlagen und Sammelschienen bedient. Zwei direkte Leitungen versorgten von dort aus die Königliche Mooradministration mit elektrischer Energie sowie die nähere Umgebung des Kraftwerkes mit den Werks- und Dienstwohnungen sowie die nähere Umgebung und dem gleichfalls vorhandenem Gasthaus.

Kesselraum

Für die Überlandversorgung zweigten vom Schalthaus vier Fernleitungen mit Spannungen zwischen 5.000 und 20.000 Volt ab. Die Anlage erfuhr in den Jahren bis zum 2. Weltkrieg Erweiterungen, so dass anstatt der ursprünglich installierten Leistung von 5.600 Kilowatt 1921 bereits 16.600 Kilowatt und im Jahr 1943 schließlich 23.000 Kilowatt zur Verfügung standen.

Über die **Kessel-Torffeuerungsanlage** lagen zum Zeitpunkt der Inbetriebnahme nur geringe Erfahrungen vor, weshalb das Kraftwerk durchaus als Pilotprojekt gelten konnte. Sowohl die Gewinnung als auch Förderung der benötigten großen Torfmengen als auch die Verheizung dieses Materials musste im Versuch erst praktisch erprobt werden.
Zur Torfgewinnung, für die damals verschiedene Verfahren angewendet wurden, kamen zwei **Bagger** der Firma Strenge in Elisabethfehn sowie zwölf **Torfmaschinen** der Firma Dolberg in Hamburg zum Einsatz. Die Maschinen, deren elektrische Ausrüstung von den Siemens-Schuckertwerken geliefert wurde, gewannen im ersten Betriebsjahr, genauer gesagt im Sommer 1910, rund 30.000 Tonnen Torf, im Sommer des darauf folgenden Jahres 1911 waren es bereits 35.000 Tonnen. Der Transport des Brennmaterials erfolgte mit benzolbetriebenen **Feldbahnen**.

Nach schlechten Erfahrungen mit der vorratslosen Direktbefeuerung der Dampfkessel wurde im zweiten Betriebsjahr 1911 vorausschauende Lagerhaltung betrieben, um stets eine genügende Menge Torf zur Verfügung zu haben und so zu Zeiten von Spitzenlasten die Energieversorgung sicherzustellen.

Torfbrecher mit Motor

Der **Transport des Torfs** innerhalb des Kraftwerkes von den Lagerhallen bis hin zu der Feuerungsanlage bereitete von Anfang an aber erhebliche Schwierigkeiten. Entsprechende Einrichtungen aus Kohlekraftwerken konnten hier aufgrund der völlig unterschiedlichen Beschaffenheit von Torf im Vergleich zur Kohle keine Vorbildfunktion erfüllen, so dass neue Lösungen gefunden werden mussten.

Als problematisch erwies sich nämlich die sperrige Form der Torfstücke, der sogenannten Torfsoden.

Versuche, diese Soden maschinell zu brechen oder zu schneiden, schlugen fehl, da diese Weise in großen Mengen der für die Verfeuerung ungeeignete Torfstaub, der sogenannte Mull, entstand. Erst die Konstruktion geeigneter Trichter unterhalb der Lagerbunker ermöglichte deren Entladung und die anschließende Weiter-beförderung auf dem Fließband. Ein zeitgenössischer Kommentar formulierte angesichts der erfolgreichen Behebung des Problems freudig:

„Das widerstrebende in seinen Eigenarten vorher technisch noch nicht bezwungene Material wird jetzt vollständig beherrscht."

Fast so, als sei nicht die Zerkleinerung des Torfs in geeignete Bruchstücke gelungen, sondern die Zähmung eines Tieres oder die Bändigung eines Wildbachs.

Zu klären war darüber hinaus angesichts auch in diesem Bereich fehlender Erfahrungen die Frage nach der optimalen und den Brennstoff am besten verwertenden **Feuerungsmethode**. Schwierigkeiten ergaben sich aufgrund des verhältnismäßig geringen Heizwerts von Brenntorf, der eine ständige Beschickung des Feuerkessels erforderlich machte, sowie aufgrund seines stark schwankenden Wassergehalts.

Torfförderanlage

Dazu kam eine teilweise schlechte und sogar minderwertige Torfqualität, hervorgerufen durch Abbau in falscher Bodentiefe oder durch erlittene Frostschäden.

Nach zahlreichen Probeläufen hatte man im Dezember 1910, als die Dampfkessel auf Abnahme geprüft worden waren, die angewandte Verbrennungsmethode so verbessert, dass ein theoretischer **Kesselwirkungsgrad von über 73 Prozent** erreicht wurde. Immerhin – so hatte man berechnet – konnte das Torfkraftwerk hinsichtlich seiner Wirtschaftlichkeit mit einem landläufigen Kohlekraftwerk jederzeit konkurrieren.

Die Kosten für die Kilowattstunde Strom, die sich im Jahr 1910 auf 1,2 bis 1,4 Pfennig beliefen, waren in beiden Fällen dieselben.

Somit hatte Siemens mit der Wiesmoor-Zentrale den Beweis für die Möglichkeit geliefert, ein **großes thermisches Kraftwerk allein mit Torf** zu betreiben.

Das ist um so höher einzuschätzen, als die Torffeuerung in der kurzen Zeitspanne von lediglich zwei Jahren aus dürftigen Anfängen zur technischen Reife entwickelt wurde.

Freileitung

Ostfriesland wird elektrisch

Beachtung verdient aber nicht nur das Kraftwerk Wiesmoor, in dem die Energie erzeugt, sondern auch die bemerkenswerte Leitungsanlage, die sie verteilte.

Kennzeichnend waren die außergewöhnlich großen Spann-weiten der Leitungen zwischen den einzelnen Masten, die im Regelfall 125 Meter, in besonderen Situationen, wenn es die geographische Beschaffenheit erforderte, sogar 160 – 180 Meter betrugen. Damit setzte das **Leitungsnetz von Wiesmoor** Maßstäbe für die in der Folgezeit errichteten Überlandleitungen anderer Elektrizitätswerke.

Wiesmoor war sicherlich nicht die allererster Anlage, in der sich die Ingenieure wagten, zu so großen Mastenabständen überzugehen, aber doch eine der ersten. Sie war jedoch nicht nur in dieser Hinsicht auffällig, sondern nicht zuletzt wegen der besonderen Herausforderungen, die der zum Aufstellen von Masten ungeeignete Moorgrund stellte.

Das Auffinden eines stabilen, tragfähigen Untergrundes – angesichts des zwischen einem halben und dreieinhalb, ja manchmal sogar fünf Meter **schwankenden Moorbodens** – war technisch aufwändig, da in verhältnismäßig große Tiefe gebohrt werden musste.
Je nach Bodenbeschaffenheit und in Abhängigkeit von der Spannung des zu verteilenden Stromes stand ein Katalog von verschiedenen Mastausführungen zur Verfügung - im allgemeinen wurden genietete Gittermasten verwendet.

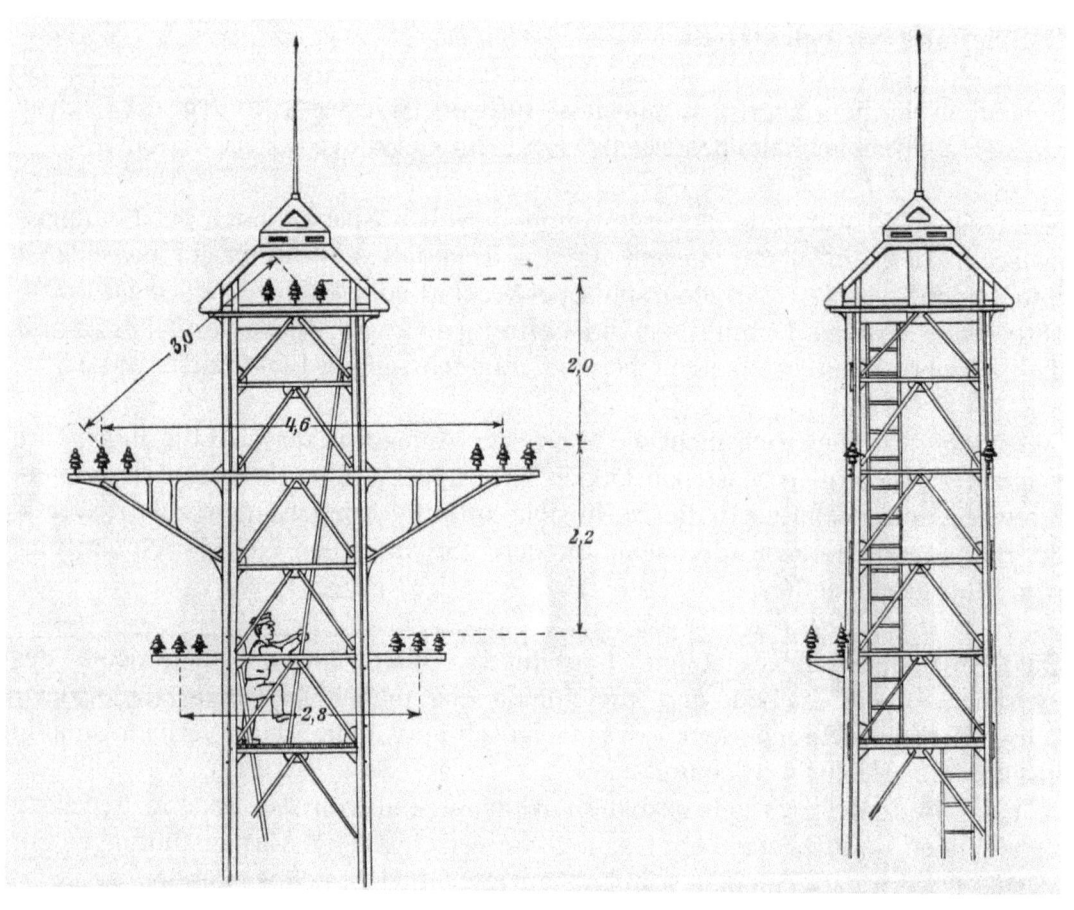

Mastspitzen an der Ems-Überquerung

Transformatorenhaus in Bingum

Transformator

Scheiben-Egge

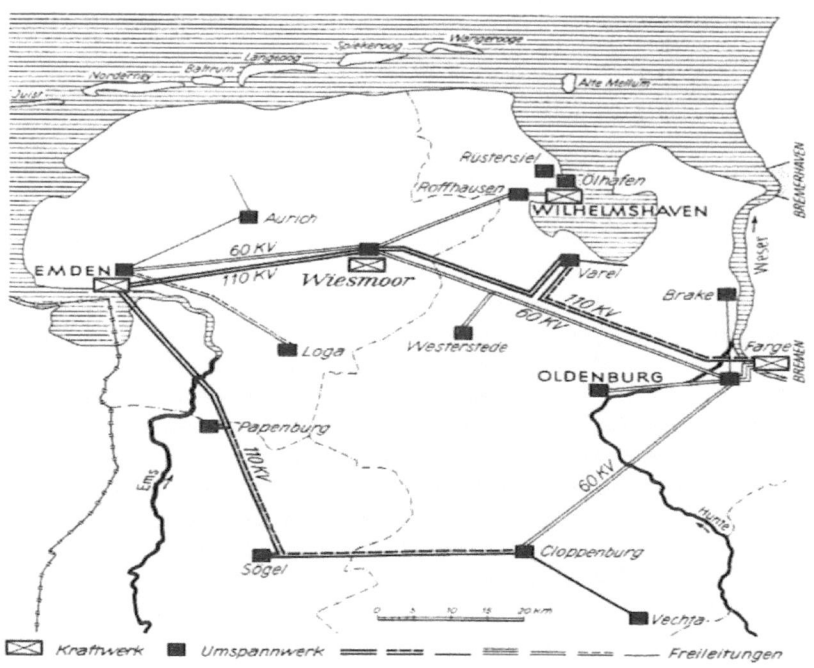

Stromleitungsnetz der NWK im Raum Ostfriesland und Oldenburg um 1960
Das 1. Kraftwerk stand in Wiesmoor, die anderen kamen später dazu.

Ein besonders markantes Element innerhalb des **Leitungsnetzes** bildete natur-gemäß die imposante **Überquerung der etwa 300 Meter breiten Ems**, die mit Hilfe zweier auch in ästhetischer Hinsicht gelungener Turmmasten von je 73 m Höhe bewerkstelligt wurde.

An den jeweiligen Endpunkten des Leitungsnetzes befanden sich dann insgesamt **30 Transformatorenstationen**, in denen die Hochspannung von zunächst 20.000 Volt auf eine Mittelspannung von 5.000 Volt und im Anschluss daran auf die in den angeschlossenen Ortschaften der Region Ostfriesland und Umgebung zu verwendende Niederspannung von 380, 220 oder 110 Volt herunter transformiert wurde. Zu den größeren dieser Stationen zählten Emden, Leer, Bingum, Papenburg, Rüstringen-Wilhelmshaven, Bockhorn, Varel, die Metallwerke Unter-weser, Ocholt sowie Oldenburg. Kleinere Stationen waren neben vielen anderen Oldersum und Zetel.

Das **Torfkraftwerk Wiesmoor belieferte weite Teile Ostfrieslands** mit Strom, versorgte aber auch die Einrichtungen mit Energie, die für den Torfabbau sowie die Moorkultivierung, also für die Bebauung der Moorlandschaft vorgesehen waren. Wie schon im Falle der Torfgewinnung, so stammte auch die elektrische Ausrüstung für die Erschließung des Moores – die **Verfehnung** – von den Siemens-Schuckertwerken.

Ein System von Anker- und elektrischen Windenwagen, gespeist von einem fahrbaren Transformator, zog einen Kipp-Pflug an einem Seil entlang der zu bearbeitenden Fläche hin und her.

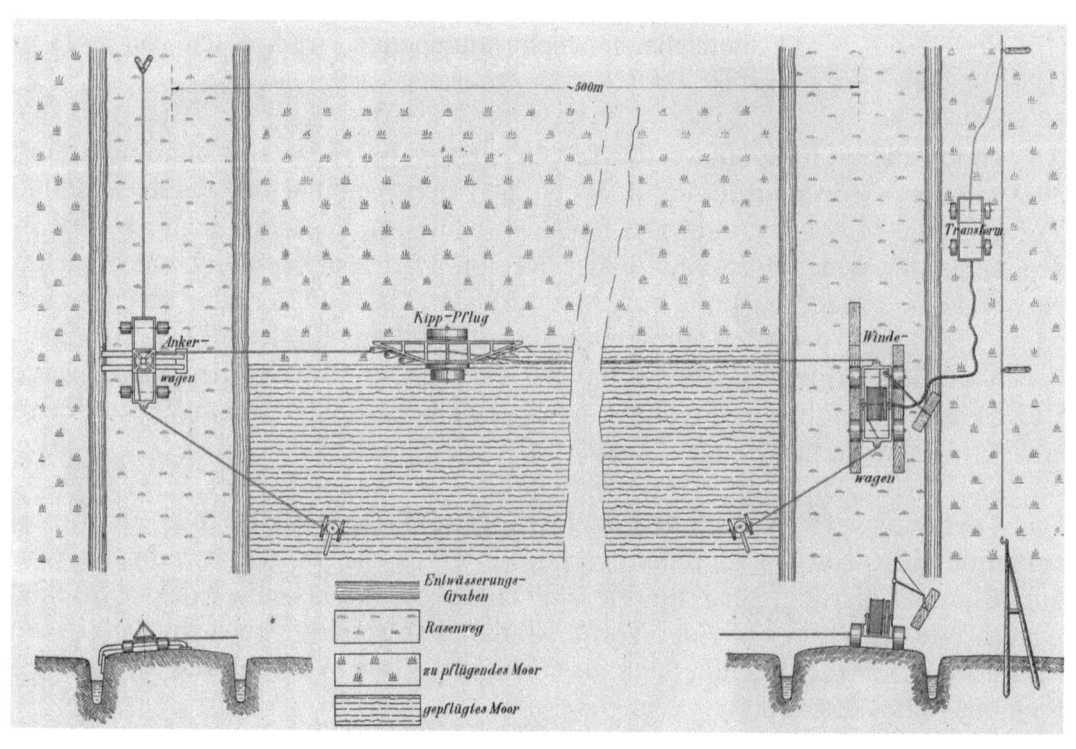

Arbeitsweise des Elektropflugs

Im Anschluss an den Elektropflug kamen auf ähnliche Weise Egge und Walze zum Einsatz, bevor die Einsaat erfolgte. Erst nach Abschluss dieser Arbeiten wurden die **Kolonate** Ansiedlern zur Verfügung gestellt. Die so erzielten Ernte-ergebnisse übertrafen die Erwartungen bei weitem, sowohl was die eingefahrenen Mengen, als auch die erlangten Preise betraf.

Besonders eindrucksvoll wurde diese Leistung vom Vorsitzenden des Vereins zur Förderung der Moorkultur im Deutschen Reiche, **Freiherr von Wangenheim**, kommentiert:

„Die Qualität der Arbeit, welche uns auf diesem Gebiet geleistet wird, ist die denkbar beste, und wir können mit vollem Stolz sagen, dass wir in Preußen jetzt unserm frühen Vorbild, den Holländern, über sind.

Die alten holländischen Kulturen sind schön, was Oldenburg leistet ist großartig, aber was wir in den letzten Jahren bei uns gesehen haben ... im Marcardsmoor und namentlich bei der elektrischen Zentrale auf den Flächen, welche unter Leitung des Geheimrat Ramm angelegt sind, das ist die schönste Kulturarbeit, was wir je gesehen haben."

Diese Erfolgsgeschichte währte über mehrere Jahrzehnte bis das Moor ausgebeutet war und kein Torf mehr her gab. Im Jahr 1910 angestellte Berech-nungen gingen von Torfvorräten für rund 30 Jahren aus, eine Schätzung, die, wie sich später herausstellte, durchaus der Realität entsprach und sicherlich nicht zu optimistisch ausgesprochen war. Offensichtlich war man sich bereits zum Zeitpunkt der Planung von Wiesmoor im Klaren darüber, dass die Brennstoff-vorräte zum Betrieb des Torfkraftwerks nicht unerschöpflich, sondern endlich, der Bestand von Wiesmoor somit nicht auf lange Zeiten angelegt war.

Torfkraftwerk Wiesmoor

Bei den Kühltürmen begannen die Gewächshäuser, die mit dem warmen Kühlwasser versorgt wurden.

Wiesmoor blüht auf

Solange das Kraftwerk noch eine verhältnismäßig geringe Leistung lieferte, war der ungewohnte Rohstoff Torf in überreichem Maß vorhanden, so dass man bei der Suche nach weiteren Verwendungsmöglichkeiten auf den Gedanken kam, eine **Gewächshausanlage** für den Anbau von Gemüse zu errichten und mit überschüssiger Wärme aus der Elektrizitätserzeugung zu beheizen.

Ein zusätzlicher – wie man heute sagt – **Synergieeffekt** wurde dadurch erreicht, dass man das durch die **Abwärme erzeugte Kühlwasser** anschließend zur **Bewässerung der Gewächshauskulturen** nutzte.
Als die Anlage 1925 errichtet wurde, konnte noch niemand ahnen, dass sich daraus einmal – im wahrsten Sinne des Wortes – die **Blüte Ostfrieslands** entwickelte, die die Keimzelle einer der heute attraktivsten Anziehungspunkte von Wiesmoor bildet und somit auch ein bedeutendes wirtschaftliches Standbein ist, das im Lauf der Zeit eine wesentliche Ausweitung erfährt.
Betrug die **Gewächshausfläche** 1925 noch 11.000 qm, wuchs diese Fläche auf über 80.000 qm (zzgl. 800.000 qm Freiland-Baumschule).

Die unter dem Warennamen **Wiesmoor-Erzeugnisse** vertriebenen Gemüsesorten erfreuten sich bis in die 1960er Jahre bei den Verbrauchern größter Beliebtheit.

Erst als die gestiegenen Energiekosten den Anbau unrentabel machten, wurde der **Gemüsebau** im Jahr 1965 zugunsten der **Anzucht von Blumen** aufgegeben.

König Carl XVI Gustav von Schweden erhält 1952 Wiesmoor-Erdbeeren

Der kreativer Förderer von Wiesmoor wurde **Jan Hinrichs**, der als neuer Direktor des Torfkraftwerkes 1921 die vielen Chancen und Möglichkeiten in Wiesmoor erkannte und umsetzte. Z. B. wurden 1952 die ersten der in der Gärtnerei Wiesmoor geernteten Erdbeeren an das **schwedische Königshaus** geliefert und so wurde Wiesmoor nach dem 2. Weltkrieg offiziell **erster deutscher Hoflieferant** der Schweden.

Auf dem Gelände des ehemaligen Tofkraftwerkes entstand eine **Großgärtnerei mit Blumencenter** sowie ein **Golfplatz**. Das jährliche **Blütenfest** mit Wahl der **Blütenkönigin**, die **Blumenhalle** mit dem neuen **Landschaftspark**, das **Moorkolonat** etc. sind weitere Attraktionen von Wiesmoor.

Der Ort Wiesmoor wurde 1923 mit 3,34 km³ zur Gemeinde und 1951 durch Einbeziehung der umliegenden Orte, u. a. Mullberg, Wilhelmsfehn, ein Teil von Voßbarg, zu der Großgemeinde Wiesmoor mit 51,64 km³ und 5.166 Einwohnern. 1972 kamen dann durch die niedersächsische Gebietsreform weitere Gemeinden (Marcardsmoor, Wiesederfehn, Voßbarg, Zwischenbergen) zu **Wiesmoor**, das dann **2006**, also 100 Jahre nach den ersten Aktivitäten, die **Stadtrechte** bekam. Der staatlich anerkannte **Luftkurort Wiesmoor** hat heute über 13.000 Einwohner auf ca. 100 km³ und strebt zu einem Mittelzentrum.
Obwohl das **Torfkraftwerk Wiesmoor** 1965/66 abgerissen wurde, lebt es immer noch in der Erinnerung vieler Zeitzeugen und Familien fort, war es doch nicht nur erster Arbeitgeber in der Region, sondern auch Impulsgeber und Wegbereiter für den technischen Fortschritt Ostfrieslands.

Das Torfkraftwerk im geschichtlichen Rahmen

Das Torfkraftwerk Wiesmoor war nur gut 50 Jahre in Betrieb war und doch sind in dieser Zeit in Deutschland entscheidende Umbrüche eingetreten.

Am Anfang, also 1910 gab es noch das Deutsche Reich.
Dann folgte der 1. Weltkrieg und anschließend regierte die Weimarer Republik.

Als die Nationalsozialisten an der Macht waren, wurde die Sache schon brisant. Waren in den ersten Jahren in Wiesmoor Strafgefangene zur Arbeit gezwungen (auch bei den Kanälen), so wurden jetzt Kriegsgefangene ausgebeutet. Während des 2. Weltkrieges wollte die NSDAP-Schergen z. B. sogar einmal das Torfkraftwerk abreißen, nur weil man hier Holländer beschäftigt hatte.

Gegen Ende des 2. Weltkrieges wurde es dann ebenfalls wieder gefährlich, denn man wollte den Siegermächten ja keine intakte Infrastruktur hinterlassen.

Und nach 1945 wurden an vielen Orten der BRD ganze Werke demontiert und als Entschädigungsleistung in das Ausland verfrachtet.

Schließlich führten wirtschaftliche Zwänge in den 60er Jahren dazu, dass das Torfkraftwerk stillgelegt und abgerissen wurde.
Aber die Erinnerung bleibt, denn viele Mitbürger von Wiesmoor haben noch in dem Torfkraftwerk gearbeitet oder kennen die Erfahrungen ihrer Eltern und Großeltern mit der großartigen Gründungsphase von ihrer Stadt im Moor.

Das Kraftwerk im Kraftwerk – Direktor Jan Hinrichs

Zuerst hatte das Torfkraftwerk, betrieben von den Siemens elektrischen Betrieben (SEB, später NKW), weniger als 100 Mitarbeiter. Die staatliche Behörde, der Domänenfiskus, war zuerst Inhaber der Ländereien und für Torfabbau und Torflieferung zuständig. Dann stieg die Anzahl der im Torf arbeiteten Menschen schnell über 1000. Das Torfkraftwerk Wiesmoor übernahm 1921 vom staatlichen Domänenfiskus die Torfherstellung und erweiterte seine Aufgaben.

Waren die ersten Wohngebäude in Wiesmoor die **Werkswohnungen** für die Siemens-Mitarbeiter des Kraftwerkes, so standen dem Betrieb auch die riesigen abgetorften Flächen zur Verfügung, die man nun auch den im Gartenbau tätigen Mitarbeitern zur Verfügung stellen wollte. Eine von den vielen genialen Ideen des Kraftwerkdirektors **Jan Hinrichs**, der über 40 Jahre für das Torfkraftwerk und Wiesmoor segensreich tätig war, wurde dann ab 1946 verwirklicht und über 100 Torfarbeiter bekamen Baugrundstücke mit je ca. 2 ha Land sowie zinslose Darlehen zur Errichtung der Häuser. Die so entstandene **Gärtnersiedlung**, ein Ortsteil von Wiesmoor, trägt heute den Namen **Hinrichsfehn**. Inzwischen ist hier sogar eins von mehreren **Gewerbegebieten** der Stadt Wiesmoor angesiedelt.

Im Übrigen hatten alle Einwohner von Wiesmoor einen hohen Nutzen vom Torfkraftwerk, dessen Gewerbesteueranteil der Gemeinde um 1960 ca. 90 % betrug. (Quelle: Jan Hinrichs: **Entstehung und Zukunft von Wiesmoor**, 1961)
1964 wurde das Torfkraftwerk, der größte Arbeitgeber der Region, **stillgelegt.** Das hat mit dazu beigetragen, dass im strukturschwachen Ostfriesland dringend ein neuer Industriestandort notwendig wurde:
Am 8.12.1964 begann im VW-Werk Emden die Produktion des VW-Käfers.

Sonnige Aussichten im frischen Wind

Liebhaber unserer Region sagen gerne, dass man in keiner Gegend soviel **Himmel** sehen kann, wie **in Ostfriesland**. Und weil der **frische Wind** hier als Wolkenjäger aktiv ist, scheint bei uns im **Nordwesten** auch häufiger die **Sonne**.

Deshalb sieht man immer mehr **Solaranlagen** und auch, nicht nur in Wiesmoor, entsprechende **Windkraftwerke**.

In der Vergangenheit war Wiesmoor der **Energieerzeuger für Ostfriesland**, in der Zukunft wird Ostfriesland – man denke nur an die vielen Tausend projektierten **Offshore-Anlagen** und an die **Wellenkraftwerke**, die noch ganz am Anfang stehen – ein **Hauptenergieerzeuger für Deutschland** werden.

So ist alles dynamisch vernetzt. Die **Siemens Elektrische Betriebe AG** wurde 1925 zur **NWK** mit Sitz in Hamburg, die dann später zur **Preussen Elektra** gehörte und schließlich in die **E. ON.** einging.
Das **Torfkraftwerk Wiesmoor** ist ein hervorragendes **Beispiel und Vorbild**, wie Menschen mit viel Ideenreichtum und Wagnisfreude aus einer von Menschen gemiedenen Landschaft eine **blühende Stadt** schaffen, wo man sich wohl fühlt.

Auch Ostfriesland selbst hat in den letzten Jahren immer mehr an Attraktivität gewonnen und insbesondere neue und die zukunftsträchtige **Klima-Energie** erzeugende Industrie angesiedelt.

Nachwort

Die Geschichte vom Torfkraftwerk Wiesmoor zeigt jedoch nicht nur ein sehr interessantes Bild ostfriesischer Siedlungs- und Technikgeschichte, sondern auch, wie technischer Fortschritt in den letzten hundert Jahren unser Leben veränderte.

Wer denkt noch darüber nach, dass es hier um 1900 - wie selbstverständlich - noch kein elektrisches Licht gab - und was wären wir heute ohne Elektrizität?!

Die Gebäude des Torfkraftwerkes sind schon lange nicht mehr zu sehen, aber der innovative Geist, die Freude an der Natur sieht man hier schon an den schönen **Vorgärten**. Das **Ottermeer** mit Campingplatz und Sandstrand, das **Blumenreich** mit **Blumenhalle** und **Landschaftspark**, **Golfplatz** und **Blumencenter** sowie attraktive **Neubaugebiete** ziehen nicht nur Urlauber an, die sich in Wiesmoor von einer besonders hohen **Lebensqualität** verwöhnen lassen wollen.
Das **Torf- und Siedlungsmuseum** zeigt die Lebensart der ersten Siedler dieser Gegend und auch die großen Maschinen, die zum Abtorfen verwendet wurden.

Aus einer leeren Öde ist hier eine **aufblühende Ortschaft** entstanden, so dass das **Torfkraftwerk Wiesmoor** als **Vorbild für Deutschland und Europa gilt**.

Der Herausgeber

Hier wird die Lebensgeschichte eines Arztes beschrieben. Bis 1953 verbrachte er die Kindheit in Taura/Chemnitztal in Sachsen. In der Kreisstadt Rochlitz war er im Internat und legte dort das Abitur ab. Über ungewöhnliche Umwege erreichte er ein Medizinstudium an der Charite in Berlin. Er zog nach Neuenhagen bei Berlin. Seinen Facharzt absolvierte er am Institut für Arbeitsmedizin im Stadtteil Lichtenberg. Danach war er als Betriebsarzt und Arbeitsmediziner in Ostberlin tätig, wo er zum Ärztlichen Direktor aufstieg. Seit Anfang der 70er Jahre verfolgte ihn die Staatssicherheit der DDR. Ursache waren wiederholte Denunziationen von einer ungewöhnlichen Seite. Dadurch wurde sein Leben privat wie beruflich immer unerträglicher. Eine Inhaftierung drohte. Frustriert flüchtete er in den Westen. Über Westberlin kam er nach Leer in Ostfriesland. Seine instabile Ehe in der DDR ging dabei in die Brüche, was für ihn gefährliche Folgen nach sich zog. Die Stasinachstellungen nahmen auch im Westen kein Ende. So wurde er durch all diese Einflüsse seiner Vergangenheit immer wieder in bedrohliche Situationen gebracht. Beruflich ging es bei ihm allmählich in einem bekannten Autokonzern voran. Schließlich fand er neues Familienglück und die ersehnte Ruhe und Gelassenheit.

ISBN: 9783750418424, 180 Seiten, € 17,50

Matthias Hilbert

Ostfrieslands

leidenschaftliche Pastoren

Sieben Pastorenporträts

Ostfrieslands leidenschaftliche Pastoren stellt auf lebendige Weise die gewissenhaft recherchierten Lebensbilder von sieben markanten ostfriesischen Pastoren vor, deren Wirken, nicht nur, für die ostfriesische Kirchengeschichte von großer Bedeutung gewesen ist: Hans Bruns und Remmer Janßen, beide ev.-lutherisch, Gerrit Herlyn, Heinrich Oltmann und Carl Octavius Voget, alle ev.-reformiert, den methodistischen Friesenapostel Franz Klüsner sowie den baptistischen Theologen im Bauernrock Harm Willms. Gleichzeitig liefert das Buch auch einen kirchengeschichtlichen Beitrag zu den christlichen Erweckungsbewegungen im Ostfriesland des 19. und 20. Jahrhunderts sowie zum Verhalten ostfriesischer Pastoren im Dritten Reich. Abgerundet wird der Band durch eine kleine Studie über den frommen Background der bekannten ostfriesischen Schriftstellerin Wilhelmine Siefkes: Wilhelmine Siefkes - Mennonitin und Sozialdemokratin.

ISBN: 9783750491632, 128 Seiten, € 9,90

Auf der Bahn

Um 1923 wollte auch Westgroßefehn an das Stromnetz des Torfkraftwerkes von Wiesmoor angeschlossen werden. Alles war schon vorbereitet, die Menschen hatten auch schon elektrische Lampen gekauft. Doch ein letztes Teil von Siemens fehlte für die Inbetriebnahme noch. Dieses Teil kam und kam nicht.

Die Westgroßefehner wurden immer ungeduldiger und ärgerlicher. Der ganze Unmut der Bevölkerung lud sich bei dem Bürgermeister Harm Buss ab. Zum Schluss platze diesem der Kragen und er sandte ein Telegramm an Siemens in Berlin (ein Telegramm kam damals einer "Kriegserklärung" gleich, denn man hatte noch die "Emser Depesche" in guter Erinnerung, die ja auch einen Krieg auslöste).

Siemens antwortete auch mit einem Telegramm:

"Evangel. Gesangbuch Nr. 25 Vers 6".

Das brachte den Volkszorn natürlich voll zum Glühen. Alle fühlten sich verhöhnt und verspottet. Ganz zum Schluss schaute die Gattin des Bürgermeisters dann doch noch in das Gesangbuch und fand die Lösung:

"Er wird nun bald erscheinen

in seiner Herrlichkeit

und all eur Klag und Weinen

verwandeln ganz in Freud.

Er ists, der helfen kann;

halt eure Lampen fertig

und seid stets sein gewärtig,

er ist schon auf der Bahn."